Mini-Tonis®

Armin Täubner

Märchen

mit Mini-Tontöpfen

Die Beschreibungen zu Hans im Glück finden Sie auf Seite 11 und zum tapferen Schneiderlein auf Seite 23.

Fotos: frechverlag GmbH, 70499 Stuttgart;
Fotostudio Ullrich & Co., Renningen

Dieses Buch enthält:
2 Vorlagenbogen und
1 Zusatzbogen

Auflage: 5. 4. 3. 2. 1. | Letzte Zahlen maßgebend
Jahr: 2007 2006 2005 2004 2003

frechverlag GmbH, 70499 Stuttgart
Druck: frechdruck GmbH, 70499 Stuttgart

ISBN 3-7724-3205-0 · Best.-Nr. 3205

Es waren einmal die lustigen Mini-Tonis

Sie haben sicher schon erraten, dass das der Anfang eines Märchens ist. Beim Durchblättern dieses Buches werden Sie auf zahlreiche altbekannte Figuren stoßen. Rotkäppchen und der Wolf, Hänsel und Gretel, Schneewittchen und die sieben Zwerge – kurz: die beliebtesten Märchenfiguren geben sich hier ein Stelldichein. Ich zeige Ihnen, wie Sie aus kleinen Tontöpfen, etwas Farbe, Papier, Holzkugeln und wenig mehr zauberhafte Figuren aus Ihren Lieblingsmärchen arbeiten können. Da will man am liebsten alle haben! Und denken Sie daran: Als Geschenk, mit dem passenden Spruch versehen, erfreut ein Mini-Toni so manchen lieben Menschen.

Viel Spaß im Mini-Tonis-Märchenland wünscht Ihnen Ihr

Materialliste

- Mini-Tontopf, ø 3,5 cm
- Tonkarton, Tonpapier, Filz
- Rohholzperlen, Marionettenfüße
- Chenilledraht, Blumendraht, Aludraht, Golddraht
- Verschiedene Kordeln, Schnüre, Wolle und Fasern
- Bastelfarbe, Strukturschnee

Ihre **Grundausstattung**, die Sie zur Hand haben sollten.

- Schere, Cutter mit Schneideunterlage
- Klebepistole, Klebstoff, z. B. UHU Alleskleber, Klebestift
- Vorstechnadel, Lochzange
- Transparentpapier und Karton (für Schablonen)
- Seitenschneider (Draht abschneiden)
- Rundzange (Draht biegen)
- Flachzange (Draht mit Haaren einziehen)
- Bleistift, Buntstift in Rot
- Sehr feiner Filzstift in Schwarz oder Tuschefüller
- Flacher Haarpinsel Nr. 4 bis Nr. 8, Haarpinsel Nr. 2
- Zahnstocher, Schaschlikstäbchen

Wichtige Hinweise

Für jede Figur wird ein Mini-Tontopf (ø 3,5 cm) benötigt. Dieser ist in den jeweiligen Materiallisten nicht aufgeführt.

Alle Materialangaben beziehen sich auf eine Figur.

Köpfe, Tontöpfe und andere Motivteile werden stets vor dem Zusammenbau komplett bemalt!

Arbeitsschritte

Köpfe

Den Kopf mit Hautfarbe grundieren, dann mit Bleistift das Gesicht aufmalen. Mit der Nase genau in der Kopfmitte beginnen; sie wird entweder aufgezeichnet oder aufgeklebt (Rohholzperle, ø 6 mm, mit dem Cutter auf der Schneideunterlage spalten). Dann Mund und Augen ergänzen. Die Augen mit feinem schwarzen Filzstift nachziehen. Evtl. noch mit einem feinen Draht einen winzigkleinen, weißen Farbpunkt als Lichtreflex auf die Augen auftupfen. Die Wangen mit einem gut angespitzten roten Buntstift aufmalen.

Haare aus Strukturschnee

Am fertig bemalten Kopf mit Bleistift die Ohren ergänzen. Die Oberkante der Ohren und die Augen bilden eine Linie. Die Ohren sind wichtige Orientierungspunkte für die Gestaltung der Frisur. Mit einem Zahnstocher weißen Strukturschnee auftragen. Nach dem Trocknen die Haare mit einem feinen Pinsel in der gewünschten Farbe grundieren.

Tontopfkörper

Die Tontöpfe mit matter Bastelfarbe grundieren. Trocknen lassen (Sie können mit dem Föhn den Trocknungsprozess beschleunigen) und evtl. mit einer zweiten Farbe oder einem Filzstift nochmals überarbeiten. Arme und Beine bestehen aus Chenilledraht, Kordeln oder Schnüren.

Figuren zusammenbauen

Bei jeder Figur ist angegeben, nach welchem Schema sie zusammengesetzt wird. Orientieren Sie sich hierzu an den entsprechenden Zeichnungen auf dem Vorlagenbogen.

Schildchen anbringen

Herstellung und Befestigung der Schildchen werden bei den jeweiligen Anleitungen nicht erwähnt. Vorgedruckte Schildchen zum Ausschneiden mit passenden Sprüchen oder blanko finden Sie auf dem beiliegenden Bogen. Oder Sie fertigen selbst Schilder in der gewünschten Farbe und Größe aus Tonkarton an und verzieren sie mit bunten Filzstiften oder mit dem Pinsel. Die Schilder werden z. B. mit der Vorstechnadel gelocht und mit einem Faden oder Draht der Figur umgehängt. Oder Sie befestigen das Schild mit Klebstoff direkt an Ihrem Mini-Toni.

Tipps

Farbpunkte und Knöpfe

Knöpfe und Punkte werden mit einem Rundholzstäbchen (Schaschlikstäbchen o. Ä.) aufgetupft. Mit einem Bleistiftspitzer können Sie das Rundholz auf einen beliebigen Durchmesser bringen.

Loch in die Kragenmitte schneiden

Falten Sie den Kragen genau in der Mitte und schneiden Sie mit der Schere ein kleines Dreieck ein. So entsteht eine rechteckige Öffnung (siehe Zeichnung auf Vorlagenbogen 2A).

Kordel durch Holzperlen ziehen

Kordeln lassen sich leichter durch Holzperlen ziehen und fransen nicht aus, wenn auf die Enden etwas Klebstoff aufgetragen wird.

Mini-Tonis **Nr. 145**

Der Wolf

Den Topf schwarz grundieren und den Kopf zusammenkleben. Den langen Chenilledraht in der Mitte knicken, die Perle aufziehen und von unten die entstandene Öse durch den Topf ziehen. Den 16 cm langen Chenilledraht als Arme durch die Öse ziehen. Arme und Beine zurechtbiegen (siehe Vorlagenbogen). Kopf und Schwanz anbringen.

Material

- Tonkarton in Schwarz, Rot
- Rohholzperle, ø 15 mm (Befestigung)
- Bastelfarbe in Schwarz
- 2 Wackelaugen, ø 5 mm
- Chenilledraht in Schwarz, 7 cm (Schwanz), 16 cm, 36 cm lang

Vorlagenbogen 1A

Mini-Tonis **Nr. 146**

Die sieben Geißlein

Die kleine Öffnung im Topf mit einem weißen Kartonpunkt (ø 12 mm) verschließen und den Topf weiß grundieren. Anschließend mit einem breiten Haarpinsel (Nr. 6 oder Nr. 8) Samtpulverkleber auftragen und darauf Samtpulver streuen. Nach dem Trocknen das überschüssige Samtpulver mit einem Pinsel entfernen. An den gepunkteten Flächen am Kartonkopf ebenfalls Samtpulver aufbringen. Die Chenilledrahtbeine gemäß dem Vorlagenbogen zurechtbiegen und wie auch den Kopf mit der Klebepistole am Topf fixieren.
Die Einzelteile für die Standuhr ausschneiden, das Zifferblatt aufmalen und zusammensetzen. Den Kasten zusammenfügen und das Zifferblatt aufkleben.

Material

- Tonkarton in Weiß
- Bastelfarbe in Weiß, Hellgelb, Hellblau
- Samtpulver in Weiß
- Samtpulverkleber
- Chenilledraht in Weiß, 2 x 18 cm lang
- Zirkel

Material Standuhr

- Tonkarton in Braun, Helllbraun, Weiß, Schwarz

Vorlagenbogen 1A

Ich mag
Geißlein
12
3
6
9

Mini-Tonis Nr. 147

Rapunzel

Den Topf hellgrün grundieren und nach dem Trocknen mit dunkelgrünen Tupfen versehen. Das Gesicht und die Schuhe gestalten. Vom Zopf 5 cm abschneiden. Den restlichen Zopf an den Hinterkopf kleben. Darum herum das 5 cm lange, etwas gedehnte Zopfstück befestigen (Anfang und Ende am Hinterkopf). Den eingeschnittenen Filzrock unten in den Topf einkleben. Rapunzel nach Schema B, Vorlagenbogen 1A, zusammensetzen. Vor dem Kopf den mit der Zackenschere beschnittenen Kragen auf den Chenilledraht ziehen.

Material

- Rohholzperlen, 1 x ø 20 mm (Kopf), 1 x ø 12 mm (Befestigung), 2 x ø 10 mm (Hände)
- 6 Holzperlen in Grün, ø 8 mm (Strümpfe)
- 2 Marionettenfüße, 25 mm x 20 mm
- Filz in Rot
- Bastelfarbe in Hautfarbe, Hellgrün, Dunkelgrün, Rot
- Kordel in Rot, ø 2 mm, 16 cm, 24 cm lang
- Chenilledraht in Rot, 6 cm lang (Hals)
- Puppenhaarzopf in Blond, 25 cm lang
- Zackenschere

Vorlagenbogen 1A

Mini-Tonis Nr. 148

Die Zauberin

Den Tontopf schwarz anmalen. Auf den hautfarben grundierten Kopf die Nase aufkleben und das Gesicht aufmalen. Die Haare (8 cm lang) ankleben. Den Hut gemäß Vorlagenbogen fertigen und auf dem Kopf befestigen. Die Zauberin nach Schema B, Vorlagenbogen 1A, zusammensetzen. Vor dem Kopf den Kragen auf den Hals aus Chenilledraht stecken.

Die Anleitung für den Prinzen finden Sie auf Seite 28.

Material

- Rohholzperlen, 1 x ø 20 mm (Kopf), 1 x ø 6 mm (Nase, halbieren), 3 x ø 10 mm (Hände, Befestigung)
- 6 Holzperlen in Rot, ø 8 mm (Strümpfe)
- 2 Marionettenfüße, 25 mm x 20 mm
- Bastelfarbe in Hautfarbe, Schwarz
- Abacafaser in Orange
- Kordel in Schwarz, ø 2 mm, 18 cm, 26 cm lang
- Chenilledraht in Schwarz, 6 cm lang (Hals)
- Filz in Rot und Schwarz

Vorlagenbogen 1A

Material

- Je 1 Rohholzperle, ø 20 mm (Kopf), ø 6 mm (Nase, halbieren), ø 15 mm (Befestigung)
- 2 Marionettenfüße, 25 mm x 20 mm
- Bastelfarbe in Hautfarbe, Schwarz
- Bastelfarbe mit Struktureffekt in Grün, Hellgelb
- Filz in Dunkelgrün, Schwarz, Grau meliert (Hutband)
- Chenilledraht in Schwarz, 12 cm (Arme), in Dunkelrot, 17 cm lang (Beine und Hals)
- Märchenwolle in Kupferrot

Vorlagenbogen 1A

Mini-Tonis Nr. 149

Rumpelstilzchen

Den Topf, die Schuhe und das Gesicht gemäß der Abbildung gestalten. Die Flickennähte mit Filzstift aufzeichnen. Rund um das Gesicht Klebstoff auftragen. Ein Büschel aus Märchenwolle quer über die Stirn legen und die Enden über die Wangen zum Kinn führen. Das Ende eines zweiten Büschels an den Hinterkopf kleben. Den Hut und die Stiefelschäfte gemäß der Vorlage fertigen und anbringen. Rumpelstilzchen nach Schema E, Vorlagenbogen 1A, zusammensetzen.

Hans im Glück

Material

- Rohholzperlen, 1 x ø 20 mm (Kopf), 1 x ø 6 mm (Nase, halbieren), 1 x ø 12 mm (Befestigung), 2 x ø 10 mm (Hände), 2 x ø 8 mm (Gänsefüße)
- 2 Marionettenfüße, 25 mm x 20 mm
- Tonkarton in Weiß
- Bastelfarbe in Hautfarbe, Gelb, Schwarz
- Bastelfarbe mit Struktureffekt in Blau
- Filz in Rot
- Perlgarn in Gelb
- Chenilledraht in Blau, 12 cm (Arme), in Grau, 17 cm lang (Beine und Hals)

Vorlagenbogen 1A

Kopf, Topf, Schuhe und die Perlen für die Gänsefüße bemalen. Als Haare 4 cm lange Perlgarnstücke sternförmig auf den Kopf kleben, die aus Filz gefertigte Mütze aufsetzen und die Haare zurechtschneiden. Hans wird nach Schema E, Vorlagenbogen 1A, zusammengesetzt. Die Gans aus Papier fertigen, Schnabel und Augen aufmalen und ein 10 cm langes Stück Perlgarn als Beine durchziehen. Die Perlen als Gänsefüße aufziehen und mit Knoten fixieren (Beinlänge ca. 1,5 cm).

Mini Tonis Nr. 151

Dornröschen in der Wiege

Den Topf rosa grundieren und das Gesichtchen gestalten. Die Ränder des Topfes und der beiden Kartonteile rot umrahmen. Die Kartonteile an den Topf kleben. Den gelben Chenilledraht durch den Kopf stecken. Decke und Kissen gemäß Vorlagenbogen falten und das Kind in den Topf betten. Den Bügel mit der Rundzange zurechtbiegen (orientieren Sie sich dabei am Vorlagenbogen). Mit Heißkleber am Topf befestigen und als Baldachin das Organzaband darüber legen. Mit einigen Tropfen Klebstoff fixieren.

Material

- Rohholzperle, ø 12 mm (Kopf)
- Tonkarton in Rosa, Gelb
- Bastelfarbe in Hautfarbe, Rosa, Rot
- Chenilledraht in Gelb, 3 cm lang
- Stoff in Weiß, 5,5 cm x 5,5 cm (Decke), 5 cm x 4,5 cm (Kissen)
- Organzaband in Rosa, 4 cm breit, 14 cm lang
- Aluminiumdraht in Rot, ø 1,5 mm, 14 cm lang

Vorlagenbogen 1B

Mini Tonis Nr. 152

Zwei weise Frauen

Die Tontöpfe hellblau bzw. schwarz grundieren und nach dem Trocknen mit wenig weißer Farbe senkrechte Linien aufpinseln. Die Gesichter sowie Schuhe und Strümpfe gestalten. Die Grasfaser als Haare auf den Kopf kleben, darüber den zusammengeklebten Hut befestigen. Die weisen Frauen gemäß Schema B, Vorlagenbogen 1A, zusammensetzen. Perlenhände und Marionettenfüße mit einem Tropfen Klebstoff fixieren.

Material

- Rohholzperlen, 1 x ø 20 mm (Kopf), 1 x ø 12 mm (Befestigung), 6 x ø 10 mm (Hände, Strümpfe)
- 2 Marionettenfüße, 20 mm x 15 mm
- Tonpapier in Hellblau oder Schwarz
- Bastelfarbe in Hautfarbe, Weiß sowie Hellblau oder Schwarz
- Chenilledraht in Weiß oder Schwarz, 6 cm lang (Hals)
- Kordel in Weiß oder Schwarz, ø 2 mm, 10 cm, 19 cm lang
- Grasfaser in Gelb oder Weiß

Vorlagenbogen 1B

Dornröschen

Gesicht, Tontopf, Schuhe und Strümpfe gemäß der Abbildung gestalten. Mit einem feinen Pinsel weiße Punkte sowie den weißen Rand auf den Topf tupfen. Die Haare aufkleben, darauf das Krönchen befestigen. Dornröschen nach Schema B, Vorlagenbogen 1A, zusammensetzen. Vor dem Kopf den Kragen aufstecken. Die Handperlen und die Schuhe mit Klebstoff fixieren. Für die Spindel das Holzstäbchen mit Märchenwolle umwickeln.

Material

- Rohholzperlen, 1 x ø 20 mm (Kopf), 1 x ø 12 mm (Befestigung), 2 x ø 10 mm (Hände), 6 x ø 8 mm (Strümpfe)
- 2 Marionettenfüße, 20 mm x 15 mm
- Tonpapier in Gelb (Krone)
- Bastelfarbe in Hautfarbe, Rosa, Weiß
- Filz in Weiß
- Baumwollkordel in Weiß, ø 3 mm, 10 cm, 20 cm lang
- Chenilledraht in Weiß, 6 cm lang (Hals)
- Märchenwolle in Gelb

Spindel

- Rundholzstäbchen, ø 2 mm, 3,5 cm lang, an einer Seite angespitzt
- Märchenwolle in Weiß

Vorlagenbogen 1B

Material

- Rohholzperlen, 1 x ø 20 mm (Kopf), 1 x ø 12 mm (Befestigung), 2 x ø 10 mm (Hände)
- 2 Marionettenfüße, 20 mm x 15 mm
- Bastelfarbe in Hautfarbe, Braun, Hellgelb
- Filz in Hellbraun
- Jutekordel in Natur, ø 4 mm, 11 cm, 17 cm lang
- Perlgarn in Braun, 2 x 10 cm lang (Schleifen)
- Chenilledraht in Hautfarbe, 6 cm lang (Hals)
- Märchenwolle in Gelb
- Tonkarton in Weiß, Hellblau, Türkis

Vorlagenbogen 1B

Mini-Tonis **Nr. 154**

Aschenputtel

Kopf, Topf und Schuhe gemäß der Abbildung gestalten. Die Haare auf den Kopf kleben und mit dem Perlgarn zu Zöpfen binden. Aschenputtel gemäß Schema B, Vorlagenbogen 1A, zusammensetzen. Vor dem Kopf den Kragen aufstecken. Hände und Füße mit Klebstoff fixieren.
Die Tauben jeweils doppelt ausschneiden, an den gestrichelten Linien anritzen und umklappen. Je zwei Teile an den gepunkteten Flächen aufeinander kleben.

Mini-Tonis Nr. 155

Material Hänsel

- Rohholzperlen, 1 x ø 20 mm (Kopf), 1 x ø 15 mm (Befestigung), 2 x ø 10 mm (Hände)
- 2 Marionettenfüße, 20 mm x 15 mm
- Bastelfarbe in Hautfarbe, Weiß, Ocker
- Bastelfarbe mit Struktureffekt in Blau
- Filz in Blau
- Perlgarn in Hellbraun
- Chenilledraht in Blau, 10 cm, 15 cm lang
- Tonkarton in Ocker und Beige (Lebkuchen)

Material Gretel

- Rohholzperlen, 1 x ø 20 mm (Kopf), 1 x ø 15 mm (Befestigung), 2 x ø 10 mm (Hände)
- 2 Marionettenfüße, 20 mm x 15 mm
- Bastelfarbe in Hautfarbe, Weiß, Hellgelb
- Bastelfarbe mit Struktureffekt in Rot
- Perlgarn in Hellgelb, 18 x 20 cm (Haare), in Rot, 2 x 10 cm lang (Schleifen)
- Chenilledraht in Dunkelrot, 10 cm, 15 cm lang
- Blumendraht, ø 0,65 mm, 17 cm lang
- Tonkarton in Hellbraun (Lebkuchen)

Vorlagenbogen 1B

Hänsel und Gretel

Hänsel
Kopf, Topf und Füße gemäß der Abbildung bemalen. Auf den bemalten Kopf sternförmig Perlgarnfäden als Haare ankleben, dann die zusammengeklebte Mütze darauf befestigen. Hänsel nach Schema E, Vorlagenbogen 1A, zusammensetzen. Hände und Füße aufstecken.

Gretel
Kopf, Füße und Topf wie abgebildet bemalen. Für die Frisur das Perlgarnbüschel in der Mitte mit dem Draht abbinden, eine Hälfte in zwei Stränge teilen, die zu Zöpfen geflochten und mit dem roten Garn zusammengehalten werden. Die Drahtenden durch den Kopf führen und Gretel nach Schema C, Vorlagenbogen 1A, zusammenfügen. Den Pony kürzen. Füße und Hände aufstecken.
Der Zuckerguss auf dem Lebkuchen wird mit weißer Farbe aufgemalt.

Mini-Tonis Nr. 156

Hexe

(Material auf Seite 18)
Kopf und Topf wie abgebildet bemalen. Das Haarbüschel (4 cm lang) aufkleben und das Kopftuch umbinden. Den Filz-Rock unten in den Topf einkleben. Die Hexe wird nach Schema E, Vorlagenbogen 1A, zusammengesetzt. Vor dem Kopf den Kragen aufstecken.
(Fortsetzung auf Seite 18)

Tonis Mini Tonis Mini Tonis Mini Tonis Mini Tonis Mini Tonis Mini Tonis
ini Tonis Mini Tonis Mini Tonis Mini Tonis Mini Tonis Mini Tonis Mini Tonis
Tonis Mini Tonis Mini Tonis Mini Tonis Mini Tonis Mini Tonis Mini Tonis
ini Tonis Mini Tonis Mini Tonis Mini Tonis Mini Tonis Mini Tonis Mini Tonis
Tonis Mini Tonis Mini Tonis Mini Tonis Mini Tonis Mini Tonis Mini Tonis
ini Tonis Mini Tonis Mini Tonis Mini Tonis Mini Tonis Mini Tonis Mini Tonis
Tonis Mini Tonis Mini Tonis Mini Tonis Mini Tonis Mini Tonis Mini Tonis
ini Tonis Mini Tonis Mini Tonis Mini Tonis Mini Tonis Mini Tonis Mini Tonis
Tonis Mini Tonis Mini Tonis Mini Tonis Mini Tonis Mini Tonis Mini Tonis
ini Tonis Mini Tonis Mini Tonis Mini Tonis Mini Tonis Mini Tonis Mini Tonis
Tonis Mini Tonis Mini Tonis Mini Tonis Mini Tonis Mini Tonis Mini Tonis
ini Tonis Mini Tonis Mini Tonis Mini Tonis Mini Tonis Mini Tonis Mini Tonis
Tonis Mini Tonis Mini Tonis Mini Tonis Mini Tonis Mini Tonis Mini Tonis
ini Tonis Mini Tonis Mini Tonis Mini Tonis Mini Tonis Mini Tonis Mini Tonis
Tonis Mini Tonis Mini Tonis Mini Tonis Mini Tonis Mini Tonis Mini Tonis
ini Tonis Mini Tonis Mini Tonis Mini Tonis Mini Tonis Mini Tonis Mini Tonis
Tonis Mini Tonis Mini Tonis Mini Tonis Mini Tonis Mini Tonis Mini Tonis
ini Tonis Mini Tonis Mini Tonis Mini Tonis Mini Tonis Mini Tonis Mini Tonis
Tonis Mini Tonis Mini Tonis Mini Tonis Mini Tonis Mini Tonis Mini Tonis
ini Tonis Mini Tonis Mini Tonis Mini Tonis Mini Tonis Mini Tonis Mini Tonis
Tonis Mini Tonis Mini Tonis Mini Tonis Mini Tonis Mini Tonis Mini Tonis
ini Tonis Mini Tonis Mini Tonis Mini Tonis Mini Tonis Mini Tonis Mini Tonis
Tonis Mini Tonis Mini Tonis Mini Tonis Mini Tonis Mini Tonis Mini Tonis
ini Tonis Mini Tonis Mini Tonis Mini Tonis Mini Tonis Mini Tonis Mini Tonis
Tonis Mini Tonis Mini Tonis Mini Tonis Mini Tonis Mini Tonis Mini Tonis
ini Tonis Mini Tonis Mini Tonis Mini Tonis Mini Tonis Mini Tonis Mini Tonis
Tonis Mini Tonis Mini Tonis Mini Tonis Mini Tonis Mini Tonis Mini Tonis
ini Tonis Mini Tonis Mini Tonis Mini Tonis Mini Tonis Mini Tonis Mini Tonis
Tonis Mini Tonis Mini Tonis Mini Tonis Mini Tonis Mini Tonis Mini Tonis
ini Tonis Mini Tonis Mini Tonis Mini Tonis Mini Tonis Mini Tonis Mini Tonis
Tonis Mini Tonis Mini Tonis Mini Tonis Mini Tonis Mini Tonis Mini Tonis
ini Tonis Mini Tonis Mini Tonis Mini Tonis Mini Tonis Mini Tonis Mini Tonis
Tonis Mini Tonis Mini Tonis Mini Tonis Mini Tonis Mini Tonis Mini Tonis
ini Tonis Mini Tonis Mini Tonis Mini Tonis Mini Tonis Mini Tonis Mini Tonis
Tonis Mini Tonis Mini Tonis Mini Tonis Mini Tonis Mini Tonis Mini Tonis
ini Tonis Mini Tonis Mini Tonis Mini Tonis Mini Tonis Mini Tonis Mini Tonis
Tonis Mini Tonis Mini Tonis Mini Tonis Mini Tonis Mini Tonis Mini Tonis
ini Tonis Mini Tonis Mini Tonis Mini Tonis Mini Tonis Mini Tonis Mini Tonis
Tonis Mini Tonis Mini Tonis Mini Tonis Mini Tonis Mini Tonis Mini Tonis
ini Tonis Mini Tonis Mini Tonis Mini Tonis Mini Tonis Mini Tonis Mini Tonis

Ich bin deine Prinzessin

Ich hol dir die Sterne vom Himmel

Wir halten zusammen

Sich regen bringt Segen

SIEBEN AUF EINEN STREICH

Ich mag Geißlein

Darf ich dich begleiten?

Knusper, knusper, Knäuschen, wer knuspert an meinem Häuschen?

Träum' süß!

Knusper, knusper, Knäus-chen...

Ich bin ein Glückspilz

Ach, wie gut, dass niemand weiß...

Sieben auf einen Streich

Ich hab' dich zum Fressen gern ...

Wer knuspert an meinem Häuschen?

Vielen Dank!

VIEL GLÜC

Du bist mein Märchenprinz

Ich bin ein Glückspilz

Wo ist Schnee-witt-chen?

Darf ich dich begleiten?

Ach, wie gut dass niemand weiß...

Lass dein Haar herunter!

Danke!

Hey ho, hey ho, wir sind vergnügt und froh

I ♡ YOU!

Dorn-röschen

Ich küsse dich wach!

Wo ist Schnee-wittchen?

klein, aber oho!

Ich liege dir zu Füßen

Du bist mein Märchenprinz

GUTSCHEIN:

Für meinen Lieblings-zwerg

Brüder-chen und Schwes-terchen

Herz zu verschenken

Lass mich dein Froschkönig sein!

Küss mich

Du bist zum Anbeißen

1000 Kisses

Für mein Herz

SCHLAF GUT

Du bist zauberhaft!

Du bist märchenhaft!

DU bist mein Stern!

Für dich!

Alles Liebe!

TOPP
Armin Täubner
Mini Tonis
Märchen
Best.-Nr. 3205

Mini Tonis Mini Tonis Mini Tonis Mini Tonis Mini Tonis Mini Tonis Mini Toni
Mini Tonis Mini Tonis Mini Tonis Mini Tonis Mini Tonis Mini Tonis Mini To
Mini Tonis Mini Tonis Mini Tonis Mini Tonis Mini Tonis Mini Tonis Mini Toni
Mini Tonis Mini Tonis Mini Tonis Mini Tonis Mini Tonis Mini Tonis Mini To
Mini Tonis Mini Tonis Mini Tonis Mini Tonis Mini Tonis Mini Tonis Mini Toni
Mini Tonis Mini Tonis Mini Tonis Mini Tonis Mini Tonis Mini Tonis Mini To
Mini Tonis Mini Tonis Mini Tonis Mini Tonis Mini Tonis Mini Tonis Mini Toni
Mini Tonis Mini Tonis Mini Tonis Mini Tonis Mini Tonis Mini Tonis Mini To
Mini Tonis Mini Tonis Mini Tonis Mini Tonis Mini Tonis Mini Tonis Mini Toni
Mini Tonis Mini Tonis Mini Tonis Mini Tonis Mini Tonis Mini Tonis Mini To
Mini Tonis Mini Tonis Mini Tonis Mini Tonis Mini Tonis Mini Tonis Mini Toni
Mini Tonis Mini Tonis Mini Tonis Mini Tonis Mini Tonis Mini Tonis Mini To
Mini Tonis Mini Tonis Mini Tonis Mini Tonis Mini Tonis Mini Tonis Mini Toni
Mini Tonis Mini Tonis Mini Tonis Mini Tonis Mini Tonis Mini Tonis Mini To
Mini Tonis Mini Tonis Mini Tonis Mini Tonis Mini Tonis Mini Tonis Mini Toni
Mini Tonis Mini Tonis Mini Tonis Mini Tonis Mini Tonis Mini Tonis Mini To
Mini Tonis Mini Tonis Mini Tonis Mini Tonis Mini Tonis Mini Tonis Mini Toni
Mini Tonis Mini Tonis Mini Tonis Mini Tonis Mini Tonis Mini Tonis Mini To
Mini Tonis Mini Tonis Mini Tonis Mini Tonis Mini Tonis Mini Tonis Mini Toni
Mini Tonis Mini Tonis Mini Tonis Mini Tonis Mini Tonis Mini Tonis Mini To
Mini Tonis Mini Tonis Mini Tonis Mini Tonis Mini Tonis Mini Tonis Mini Toni
Mini Tonis Mini Tonis Mini Tonis Mini Tonis Mini Tonis Mini Tonis Mini To
Mini Tonis Mini Tonis Mini Tonis Mini Tonis Mini Tonis Mini Tonis Mini Toni
Mini Tonis Mini Tonis Mini Tonis Mini Tonis Mini Tonis Mini Tonis Mini To
Mini Tonis Mini Tonis Mini Tonis Mini Tonis Mini Tonis Mini Tonis Mini Toni
Mini Tonis Mini Tonis Mini Tonis Mini Tonis Mini Tonis Mini Tonis Mini To
Mini Tonis Mini Tonis Mini Tonis Mini Tonis Mini Tonis Mini Tonis Mini Toni
Mini Tonis Mini Tonis Mini Tonis Mini Tonis Mini Tonis Mini Tonis Mini To
Mini Tonis Mini Tonis Mini Tonis Mini Tonis Mini Tonis Mini Tonis Mini Toni
Mini Tonis Mini Tonis Mini Tonis Mini Tonis Mini Tonis Mini Tonis Mini To
Mini Tonis Mini Tonis Mini Tonis Mini Tonis Mini Tonis Mini Tonis Mini Toni
Mini Tonis Mini Tonis Mini Tonis Mini Tonis Mini Tonis Mini Tonis Mini To
Mini Tonis Mini Tonis Mini Tonis Mini Tonis Mini Tonis Mini Tonis Mini Toni
Mini Tonis Mini Tonis Mini Tonis Mini Tonis Mini Tonis Mini Tonis Mini To
Mini Tonis Mini Tonis Mini Tonis Mini Tonis Mini Tonis Mini Tonis Mini Toni
Mini Tonis Mini Tonis Mini Tonis Mini Tonis Mini Tonis Mini Tonis Mini To
Mini Tonis Mini Tonis Mini Tonis Mini Tonis Mini Tonis Mini Tonis Mini Toni
Mini Tonis Mini Tonis Mini Tonis Mini Tonis Mini Tonis Mini Tonis Mini To
Mini Tonis Mini Tonis Mini Tonis Mini Tonis Mini Tonis Mini Tonis Mini Toni
Mini Tonis Mini Tonis Mini Tonis Mini Tonis Mini Tonis Mini Tonis Mini To

KNUSPER KNUSPER KNÄUS-CHEN...
WER KNUSPERT AN MEINEM HÄUSCHEN?

Material Hexe

- Je 1 Rohholzperle, ø 20 mm (Kopf), ø 6 mm, (Nase, halbieren), ø 15 mm (Befestigung)
- 2 Marionettenfüße, 25 mm x 20 mm
- Rundholzstäbchen, ø 3 mm, 8 cm lang
- Bastelfarbe in Hautfarbe, Hellgelb
- Bastelfarbe mit Struktureffekt in Braun
- Filz in Grau meliert
- Grasfaser in Weiß
- Chenilledraht in Schwarz, 10 cm, 17 cm lang
- Tonkarton in Schwarz (Kater)

Vorlagenbogen 1B

Die Füße anbringen und der Hexe den Stab in die Hand geben.
Den Kater doppelt ausschneiden und beide Teile an der gestrichelten Linie anritzen. Oberhalb der gestrichelten Linien zusammenkleben und die Beine auseinander biegen, so dass der Kater steht.

Mini-Tonis **Nr. 157**

Sterntaler

Den Topf weiß grundieren und mit gelben Punkten versehen. Den Kopf hautfarben bemalen und das Gesicht aufzeichnen. Ein Büschel Grasfaser mit dem Ende eines Effektdrahtes mittig bündeln. Um die Bindestelle den dickeren Golddraht legen und die Drahtenden von oben durch den Kopf ziehen. Das Sterntalermädchen nach Schema C, Vorlagenbogen 1A, zusammensetzen. Zum Biegen des Bügels den Aludraht auf den Vorlagenbogen legen. Auf den Draht am Mädchen sowie auf zwei weitere Drahtstücke Perlen und Sterne auffädeln. Den Draht zweimal durch die Perlen ziehen, damit sie fixiert sind. Am Bügel befestigen. Das letzte Drahtstück mit Perlen bestücken und um den Aufhängebügel schlingen.

Material

- Rohholzperlen, 1 x ø 20 mm (Kopf), 1 x ø 12 mm (Befestigung), 2 x ø 10 mm (Hände)
- 2 Marionettenfüße, 15 mm x 20 mm
- Tonkarton in Gelb
- Bastelfarbe in Hautfarbe, Weiß, Gelb
- Grasfaser in Gelb, 9 cm lang
- Baumwollkordel in Weiß, ø 3 mm, 10 cm, 18 cm lang
- Golddraht, ø 0,4 mm, 10 cm lang (Hals)
- Baumwollfaden in Weiß, ø 1 mm, 10 cm lang (Kette)
- Aludraht in Weiß, ø 2 mm, 24 cm lang
- Bouillon-Effektdraht in Gold, ø 0,2 mm, 4 x 20 cm lang
- 30 Indianerperlen in Gelb, ø 5 mm

Vorlagenbogen 1B

Mini Tonis **Nr. 158**

Brüderchen

Den Tontopf gemäß der Abbildung gestalten, die Hufe schwarz grundieren und den Kopf zusammenfügen. Ohrinnenflächen und Nase aufmalen. Der Rehbock, in den das Brüderchen verwandelt wurde, wird nach Schema A, Vorlagenbogen 1A, zusammengesetzt. Den Kopf mit Heißkleber befestigen und die Hufe anknoten.

Material

- 4 Rohholzperlen, ø 12 mm (Hufe)
- Tonkarton in Ocker und Braun
- Bastelfarbe in Ocker, Weiß, Schwarz, Braun
- 2 Wackelaugen, ø 5 mm
- Kordel in Gelb, 18 cm, 28 cm lang

Vorlagenbogen 1B

Mini Tonis **Nr. 159**

Schwesterchen

Material

- Rohholzperlen, 1 x ø 20 mm (Kopf), 1 x ø 15 mm (Befestigung), 6 x ø 10 mm (Hände, Strümpfe)
- 2 Marionettenfüße, 20 mm x 25 mm
- Bastelfarbe in Hautfarbe, Grün, Gelb
- Kordel in Grün, ø 4 mm, 14 cm, in Gelb, ø 4 mm, 25 cm, in Gelb, ø 2 mm, 2 x 20 cm lang (Schleifen)
- Chenilledraht in Grün, 6 cm lang (Hals)
- Puppenhaarzopf in Braun
- Bohrmaschine und Bohrer, ø 4 mm

Vorlagenbogen 1B

Kopf, Topf, Füße sowie die Perlen für die Strümpfe gemäß der Abbildung bemalen. Die kleinen Kreuze mit Filzstift aufbringen. Vom Zopf ein 10 cm langes Stück abschneiden, dehnen und lockern und auf den Kopf kleben. Mit der dünnen Kordel zu zwei Zöpfen binden. Schwesterchen wird nach Schema B, Vorlagenbogen 1A, zusammengefügt. Die Bohrungen der Perlen für die Strümpfe müssen mit der Bohrmaschine auf 4 mm erweitert werden. Die Schuhe und die Hände mit Klebstoff fixieren.

Brüder-
chen und
Schwes-
terchen

Frau Holle

Den Kopf gestalten und den Topf hellblau grundieren. Vom Zopf ein 6 cm langes Stück abschneiden, dehnen und auflockern und auf den Kopf kleben. Den Topf und die Schürze mit Tupfen versehen. Frau Holle wird nach Schema E, Vorlagenbogen 1A, zusammengesetzt. Die Schürze umhängen, dann erst den Kopf aufstecken.
Das Kissen an der gestrichelten Faltlinie knicken, mit Watte füllen und zukleben.

Material

- Je 1 Rohholzperle, ø 20 mm (Kopf), ø 12 mm (Befestigung)
- 2 Marionettenfüße, 20 mm x 25 mm
- Bastelfarbe in Hautfarbe, Weiß, Hellblau, Blaugrau
- Puppenhaarzopf in Grau meliert
- Chenilledraht in Hellblau, 12 cm, 17 cm lang
- Filz in Weiß, Hellblau
- Watte

Vorlagenbogen 1B

Material

- Rohholzperlen, 1 x ø 20 mm (Kopf), 1 x ø 6 mm (Nase, halbieren), 1 x ø 12 mm (Befestigung), 2 x ø 10 mm (Hände)
- Strukturschnee
- Bastelfarbe in Hautfarbe, Schwarz
- Bastelfarbe mit Struktureffekt in Rot
- Chenilledraht in Rot, 12 cm, in Schwarz, 33 cm lang
- Filz in Schwarz, Rot
- Stoffrest in Grün
- Faden in Beige, 20 cm lang
- Silberdraht, ø 0,4 mm, 3 cm lang, oder kleine Nadel

Vorlagenbogen 2A

Mini-Tonis **Nr. 161**

Das tapfere Schneiderlein

Den Topf und den Kopf gemäß der Abbildung gestalten. Haare und Bart aus Strukturschnee auftragen und nach dem Trocknen anmalen. Das Schneiderlein gemäß der Zeichnung auf dem Vorlagenbogen zusammensetzen. Vor dem Kopf den Kragen aufstecken. Die Hände anbringen. Das Hemd doppelt ausschneiden, aufeinander kleben und mit Filzstreifen verzieren. Die Nadel und den Faden am Hemd befestigen und dem Schneiderlein in die Hand geben.

Nr. 162

Rotkäppchen

Kopf, Topf, Schuhe und Strümpfe wie abgebildet bemalen. Das Haarbüschel mit dem Halsdraht mittig bündeln und etwa 1 cm tief in den Kopf ziehen. Abstehende Haare ankleben. Das Käppchen an den Einschnitten etwas übereinander kleben und um den Kopf binden. Die Halsdrahtenden durch den mit der Büttenrandschere ausgeschnittenen Kartonkragen ziehen und Rotkäppchen gemäß Schema C, Vorlagenbogen 1A, zusammensetzen. Hände, Strümpfe und Füße auffädeln und anknoten. Die Blume am Draht um den Hals legen.

Material

- Rohholzperlen, 1 x ø 20 mm (Kopf), 1 x ø 12 mm (Befestigung), 2 x ø 10 mm (Hände), 6 x ø 8 mm (Strümpfe)
- 2 Marionettenfüße, 20 mm x 15 mm
- Tonkarton in Weiß (Blüte, Kragen)
- Bastelfarbe in Hautfarbe, Blau, Rot, Weiß, Gelb
- Bastelfarbe mit Struktureffekt in Blau
- Filz in Rot
- Grasfaser in Gelb, 14 cm lang
- Jutekordel in Blau, ø 3 mm, 18 cm lang
- Baumwollkordel in Weiß, ø 3 mm, 28 cm lang
- Geglühter Blumendraht, ø 0,35 mm, 11 cm lang (Kette)
- Geglühter Blumendraht, ø 0,65 mm, 14 cm lang (Hals)
- Büttenrandschere

Vorlagenbogen 2A

Nr. 163

Der böse Wolf

Den Topf und die Perlen schwarz grundieren und den Kopf zusammenkleben. Den Wolf nach Schema A, Vorlagenbogen 1A, zusammensetzen. Den Kopf mit Heißkleber am Topf befestigen. Die Perlen auffädeln und festknoten.

Material

- Rohholzperlen, 2 x ø 10 mm, 2 x ø 15 mm
- Tonkarton in Schwarz, Rot
- 2 Wackelaugen, ø 5 mm
- Bastelfarbe in Schwarz
- Kordel in Schwarz, ø 2 mm, 16 cm, 28 cm lang

Vorlagenbogen 2A

Du bist
zum
Anbeißen

Die sieben Zwerge

Topf, Füße und Kopf gemäß der Abbildung gestalten. Strukturschnee als Haare, Augenbrauen und Bart auftragen. Nach dem Trocknen die zusammengeklebte Mütze aufsetzen. Die Zwerge werden nach Schema D, Vorlagenbogen 1A, zusammengesetzt. Die Hände anknoten und die Schuhe mit einem Tropfen Klebstoff fixieren.

Die Anleitung für Schneewittchen finden Sie auf Seite 28.

Hinweis
Die Werkzeuge haben die Zwerge aus dem Buch Mini-Tonis, Berufe und Hobbys, TOPP 3200, entliehen.

Material

- Rohholzperlen, 1 x ø 20 mm (Kopf), 1 x ø 6 mm (Nase, halbieren), 1 x ø 12 mm (Befestigung), 2 x ø 10 mm (Hände)
- 2 Marionettenfüße, 25 mm x 20 mm
- Bastelfarbe in Hautfarbe, Schwarz
- Bastelfarbe mit Struktureffekt in Grün-, Blau- Rot-, Braun- oder Gelbtönen
- Strukturschnee
- Filz in Rot-, Grün-, Blau- oder Brauntönen
- Kordel in Schwarz, ø 2 mm, 16 cm lang
- Chenilledraht in Schwarz, 15 cm lang

Vorlagenbogen 2A

Mini-Tonis **Nr. 165**

Schneewittchen

Den Tontopf und die Füße grundieren und den Kopf gemäß der Abbildung bemalen. Nach dem Trocknen die Spitzenborte aufkleben. Die Haare mittig mit dem Halsdraht bündeln und mindestens 1 cm tief in den Kopf ziehen. Den Rand des Kragens mit der Zackenschere nachschneiden und den Kragen auf den Halsdraht ziehen. Schneewittchen gemäß Schema C, Vorlagenbogen 1A, zusammensetzen. Hände und Füße mit Klebstoff fixieren.

Material

- Rohholzperlen, 1 x ø 20 mm (Kopf), 3 x ø 10 mm (Befestigung und Hände)
- 2 Marionettenfüße, 20 mm x 15 mm
- Bastelfarbe in Hautfarbe, Weiß, Schwarz
- Perlgarn in Schwarz, 18 cm lang (Haare)
- Filz in Weiß
- Spitzenborte in Weiß, 15 mm breit, 12 cm lang
- Baumwollkordel in Weiß, ø 3 mm, 10 cm, 18 cm lang
- Blumendraht, ø 0,65 mm, 14 cm lang (Hals)
- Zackenschere

Vorlagenbogen 2A

Mini-Tonis **Nr. 166**

Der Prinz

Tontopf, Schuhe und Kopf gemäß der Abbildung bemalen. Die Haare mit dem Halsdraht mittig bündeln und mindestens 1 cm tief in den Kopf hineinziehen. Den Halsdraht durch Umhang und Topf führen. Der Prinz wird nach Schema C, Vorlagenbogen 1A, zusammengefügt. Hände und Füße mit Klebstoff fixieren. Für die Krone den gelben Kartonstreifen mit der Zackenschere in der Mitte halbieren und zusammenkleben.

Material

- Rohholzperlen, 1 x ø 20 mm (Kopf), 3 x ø 10 mm (Befestigung und Hände)
- 2 Marionettenfüße, 25 mm x 20 mm
- Tonpapier in Gelb (Krone)
- Bastelfarbe in Hautfarbe, Schwarz, Gelb
- Bastelfarbe mit Struktureffekt in Blau
- Baumwollkordel in Weiß, ø 3 mm, 10 cm, 18 cm lang
- Perlgarn in Schwarz, 8 cm lang (Haare)
- Blumendraht, ø 0,65 mm, 14 cm lang (Hals)
- Filz in Rot
- Zackenschere

Vorlagenbogen 2A

Für mein
Herz

Der gestiefelte Kater

Den Tontopf schwarz grundieren; nach dem Trocknen den weißen Bauch aufmalen. Die Marionettenfüße rot anmalen. Nase und Mund auf das weiße Schnauzenteil zeichnen, sechs Löcher einstechen und die Barthaare durchziehen. Das Schnauzenteil und die Wackelaugen auf den Kopf kleben.

Den Kater nach Schema E, Vorlagenbogen 1A, zusammensetzen. Den Umhang umlegen und den Kopf am Chenilledraht befestigen. Die Stiefelschäfte zusammenkleben und auf die Beine aufziehen. Die Marionettenfüße mit Klebstoff fixieren. Das kegelförmige Mittelteil des Hutes am Rand mit Klebstoff bestreichen und von unten durch die Krempe stecken. Das schwarze Hutband und die Feder anbringen.

Die Maus an der gestrichelten Linie falten, die Ohren ankleben, das Gesicht aufmalen, und die Schnur 1 cm tief in das Loch stecken und ankleben.

Material

- Rohholzperle, ø 15 mm (Befestigung)
- 2 Marionettenfüße, 25 mm x 20 mm
- Tonkarton in Schwarz, Weiß
- Filz in Rot, Blau, Schwarz
- Bastelfarbe in Schwarz, Weiß, Rot
- 2 Wackelaugen, ø 5 mm
- Geglühter Blumendraht, ø 0,35 mm, 3 x 7 cm lang
- Chenilledraht in Schwarz, 14 cm (Arme), 21 cm (Beine und Hals), 12 cm lang (Schwanz)
- Feder in Weiß

Material Maus

- Tonkarton in Grau
- Schnur, ø 2 mm, 5 cm lang
- Lochzange

Vorlagenbogen 2A

DARF ICH DICH BEGLEITEN?

Mini Tonis **Nr. 168**

Der Froschkönig

Material

- Rohholzperle, ø 12 mm (Befestigung)
- Tonkarton in Hellgrün, Gelb
- Bastelfarbe in Hellgrün, Gold
- 2 Wackelaugen, ø 5 mm
- Papierkordel mit Drahteinlage in Hellgrün, 15 cm, 26 cm lang
- Rohholzkugel, ø 30 mm (goldene Kugel)
- Lochzange

Vorlagenbogen 2A

Den Topf grün grundieren und die Krone hinter den Kopf kleben. Die Beinkordel in der Mitte umknicken und die Holzperle etwa 1 cm weit aufstecken. Die entstandene Öse von unten durch die Topföffnung stecken. Durch die Öse die Armkordel ziehen. In Hände und Füße mit der Lochzange ein Loch stanzen, die Kordelenden 1 cm weit durchstecken, leicht umbiegen und ankleben. Mit Heißkleber den Kopf am Topf befestigen.
Die Kugel golden grundieren.